SAGESSE D'AFRIQUE

PAYSAGES ET PENSÉES

SAGESSE D'AFRIQUE

PAYSAGES ET PENSÉES

Nassera Zaïd

Les éditions du Toucan

"Je convierai toutes les roses
Les essences et les parfums
Demain dans ma demeure
Je mettrai toutes mes parures
Mes plus beaux habits
Et je prierai mon Dieu."

Kiné Kirama Fall

Née en 1934
Poétesse sénégalaise. "Mes poèmes sont presque tous des chants. C'est l'âme africaine qui chante le monde", raconte l'écrivaine pour expliquer sa poésie. Solitaire, elle cherche avant tout à se connaître, à se vaincre elle-même pour mieux comprendre les autres. Et de conclure : "J'ai toujours écrit, mais je ne savais pas que je faisais de la poésie." Elle a publié *Chants de la rivière fraîche* en 1975 et *Les Élans de grâce* en 1979.

Éthiopie. Femme de l'ethnie Hamar qui vit dans la vallée de l'Omo. Lors de la fête du saut du bœuf qui marque le passage de l'état de jeune homme à l'âge adulte, les femmes se parent pour les festivités.

“Dans la ville oppressante où il vivait et où il vit encore, le Rêveur avait échafaudé – oh ! il n’ose plus le faire – des rêves sur la cité idéale où il aimerait vivre et voir s’épanouir ses enfants. Il y aurait d’abord de la verdure – arbres et pelouses –, beaucoup de verdure qui fournirait l’ombre, la fraîcheur, les fruits, la musique des fleurs et les gîtes d’amour. Il y aurait des créateurs de beauté, de rythmes, d’idylles, d’édifices, de machines.”

Tahar Djaout

1954 - 1993
Écrivain, poète et journaliste algérien d’origine kabyle. En 1970, sa nouvelle *Les Insoumis* est primée au concours littéraire Zone des tempêtes. Une date qui marque le début de sa carrière d’écrivain de langue française. Assassiné en 1993, Tahar Djaout a été l’un des premiers intellectuels victimes d’un attentat terroriste en Algérie.

Maroc. Haut Atlas. Ce village est perché au sommet de l’impressionnant massif montagneux qu’est l’Atlas. Son pic le plus élevé est situé au Maroc. Les Berbères qui habitent dans ces montagnes vivent de l’agriculture et de l’élevage.

S

"Deux amis sont comme des coquillages ;
ils ne cessent leur murmure."

Pensée swahili

L'origine du nom viendrait d'un mot arabe, *sawahil*, signifiant "côte", en référence aux côtes est de l'Afrique où les Arabes sont venus faire du commerce et ont fondé des royaumes. Mombasa, Gede, Zanzibar, Kilwa... faisaient partie de cette culture swahili.

Kenya. Massaï Mara. Ces deux girafes mâles sont sur le point de combattre pour obtenir les faveurs d'une femelle. Les mâles s'affrontent avec leurs têtes dotées de cornes très dures et d'une bosse médiane jusqu'à ce que l'un des deux abandonne.

"Dire à mon tour, transmettre
ce qui a été dit, puis écrit.
Propos d'il y a plus d'un siècle,
comme ceux que nous échangeons
aujourd'hui, nous, femmes
de la même tribu. Tessons de sons
qui résonnent dans la halte
de l'apaisement."

Assia Djebar

Née en 1936
Cette auteure franco-algérienne d'expression française a composé de nombreux romans, nouvelles, poésies et essais. Elle a également écrit pour le théâtre et réalisé plusieurs films. Son œuvre a pour principal thème l'émancipation des femmes, l'histoire et l'Algérie, son pays. Elle a été élue à l'Académie française en 2005, devenant ainsi la première écrivaine francophone arabe à obtenir cette reconnaissance.

Maroc. Taroudant. Marchant le long du rempart qui enserre la médina de Taroudant, ces femmes musulmanes portent le voile traditionnel qui ne découvre que leurs yeux et leurs pieds.

"D'où qu'elle nous vienne, l'intime conviction restera toujours plus poétique, plus forte et plus rassurante que la réalité."

Fatou Diome

Née en 1968

Romancière. Élevée sur la petite île de Niodior, au sud-ouest du Sénégal, Fatou Diome décide, contrairement aux traditions locales, de s'instruire et se rend à l'école en cachette de sa grand-mère. Elle se passionne pour la littérature francophone. En 2003, elle publie son premier roman, *Le Ventre de l'Atlantique*, suivi de *Kétala* en 2006.

Mali. Tempête de sable au Sahel. Telle l'écume de l'océan, la poussière se soulève et peut progresser à grande vitesse sur plusieurs milliers de kilomètres.

"Si tu as de nombreuses richesses donne ton bien ; si tu possèdes peu, donne ton cœur."

Proverbe berbère

Propres à l'Afrique du Nord, les Berbères ou Amazighes représentent les premiers occupants de ce vaste territoire allant du Maroc à l'Égypte. Ils ont en commun la langue tamazight qui se décline en différents dialectes selon les régions.

Maroc. Fès. Quartier des tisserands. Les écheveaux de laine sont trempés dans de grands bacs de teinture avant d'être suspendus pour sécher à l'air libre. Ils serviront notamment à la confection de tapis artisanaux.

S

"J'ai toujours aimé le désert. On s'assoit sur une dune de sable. On ne voit rien. On n'entend rien. Et cependant quelque chose rayonne en silence."

Antoine de Saint-Exupéry

1900 - 1944

L'auteur du *Petit Prince* était également aviateur et combattit dans l'armée française pendant la Seconde Guerre mondiale. Son œuvre littéraire débute en 1926 avec la parution de *L'Aviateur*. Suivront d'autres romans inspirés de sa vie de pilote comme *Vol de nuit* ou *Terre des hommes*. Paru en France en 1945 (et à New York en 1943), *Le Petit Prince*, plus poétique, restera son livre le plus populaire.

Algérie. Désert du Tassili n'Ajjer. Sa superficie atteint les 120 000 km^2, soit le cinquième de la France, où se dressent des massifs rocheux et de hautes dunes de sable. Cette réserve naturelle protège des peintures rupestres et des espèces menacées comme le mouflon à manchette. Le parc du Tassili a été classé au Patrimoine mondial de l'Unesco en 1982 et Réserve de l'homme et de la biosphère en 1986.

"Si la certitude est plus apaisante, le doute est plus noble."

Salama Moussa

1887 - 1958

Écrivain et journaliste égyptien. Né dans une famille copte chrétienne, Salama Moussa devint un homme de lettres reconnu pour sa créativité et l'innovation qu'il apporta dans les mouvements littéraires et artistiques au début du siècle dernier. En 1920, engagé politiquement, il crée avec de nombreux intellectuels égyptiens un parti socialiste qui sera suspendu par le gouvernement. Il est également à l'origine, en 1909, de la parution du premier magazine culturel *Al-Mustaqbal* ("Futur"). Il a écrit de nombreux livres, dont *Les Rêves de philosophes*, en 1926.

Tanzanie. Les lionnes vivent en général dans le groupe où elles sont nées et s'y reproduisent, contrairement aux mâles qui le quittent au bout de deux à trois ans, lorsqu'ils ont atteint l'âge de la maturité sexuelle. La chasse pratiquée en groupe est l'une des principales activités des lionnes.

S

"Les étoiles sont lointaines mais leur lumière est chaude, elles effacent les ténèbres de la nuit et du cœur des hommes."

Driss Chraïbi

1926 - 2007

Romancier marocain de langue française. Driss Chraïbi publie en 1954 *Passé simple*, son premier roman dans lequel il dénonce l'archaïsme de la société marocaine. Vivement critiqué, il se forge une réputation d'écrivain rebelle qu'il assumera dans tous ses livres. Il a reçu de nombreux prix littéraires, dont celui de l'Afrique méditerranéenne en 1973, comme récompense pour toute son œuvre.

Kenya. Dans la tradition rendille, les femmes sont propriétaires des huttes qu'elles montent et démontent à chaque déplacement du camp. Les plus âgées dirigent l'opération qui ne dure pas plus de deux heures.

"Ne te lasse pas de crier ta joie d'être en vie et tu n'entendras plus d'autres cris."

Proverbe touareg

La société touareg est très hiérarchisée. On peut compter plusieurs catégories de tribus : les nobles, les vassaux, les marabouts, les forgerons et les esclaves.

Algérie. Les "hommes bleus" sont ainsi nommés à cause de la couleur de leur chèche bleu indigo qui leur décolore la peau. Nomades, semi-nomades ou sédentaires, les Touaregs sont disséminés sur un vaste territoire, appelé *Tinariwen* ("les déserts"), réparti sur cinq pays : l'Algérie, la Lybie, le Niger, le Mali, le Burkina Faso.

"Le savoir est un champ, mais s'il n'est ni labouré ni surveillé, il ne sera pas récolté."

Proverbe peul

L'ethnie peule est dispersée dans plus de quinze pays d'Afrique de l'Ouest. Pasteurs, ils se déplacent avec leurs troupeaux de zébus ou de chevaux. Mais nombreux sont ceux qui ont cessé de nomadiser.

Afrique du Sud. Région de Tzaaneen. La récolte du rooibos, également appelé “thé rouge”, se déroule chaque automne. Contrairement à ce que peut faire croire son appellation, cette plante qui se consomme aussi en infusion ne ressemble pas au thé et ne contient pas de théine.

Égypte. Le Caire. Al-Qahira, "la Victorieuse", fut fondée par la dynastie des califes fatimides au Xe siècle ap. J.-C. Ceinte d'une muraille, la ville renfermait des joyaux d'architecture comme la célèbre mosquée al-Azhar aux minarets élancés vers le ciel.

"La vie est sage de nous tromper, car si elle nous disait dès le début ce qu'elle nous réserve, nous refuserions de naître."

Naguib Mahfouz

1911 - 2006

Écrivain égyptien et prix Nobel de littérature en 1988, il choisit pour décor de ses romans Le Caire, la ville de son enfance. *Les Enfants de notre quartier* (1959), *Dérives sur le Nil* (1966), *Miramar* (1967) ou encore *La Chanson des gueux* (1977) sont quelques-uns de ses romans où le réalisme prédomine. Sa notoriété littéraire dépassera largement les frontières de l'Égypte.

"Il n'existe que deux espèces de folies
contre lesquelles on doit se protéger.
L'une est la croyance selon laquelle nous
pouvons tout faire. L'autre est celle
selon laquelle nous ne pouvons rien faire."

André Brink

Né en 1935
Écrivain sud-africain de langue anglaise et afrikaans, André Brink est mondialement connu dès 1980 grâce à *Une saison blanche et sèche*, roman couronné du prix Médicis étranger et du Martin Luther King Memorial pour la version anglaise. Ce livre qui aborde le problème de la ségrégation raciale fut censuré en Afrique du Sud. *L'Amour et l'Oubli* est le titre de son dernier roman paru en 2006.

Tanzanie. Le volcan Ol Doinyo Lengaï est la montagne sacrée du peuple massaï. Il incarne la "montagne du dieu Engaï", l'être suprême qui confia à Natero Kop, son troisième fils, un bâton pour mener les troupeaux. Celui-ci sera le père des massaï.

S

"Nous sommes des mots dans une phrase commencée par nos pères qui sera terminée par nos fils."

Proverbe massaï

L'ethnie massaï est sans aucun doute la plus connue du Kenya. Habitant les grands parcs animaliers du Massaï Mara ou de l'Ambroseli, ils vivent en partie du tourisme.

Soudan. Traversé par le Nil, unique voie commerciale dans l'Antiquité entre l'Afrique centrale et l'Égypte, le royaume nubien, comme le nommaient les Égyptiens, fut l'un des plus anciens royaumes africains, fondé vers 3000 av. J.-C.

"Au jour du jugement dernier, si Dieu ne fermait pas les yeux, son paradis serait aussi peuplé que le désert."

Massa Makan Diabaté

1938-1988

Écrivain malien. Jeune griot dès l'âge de 7 ans, Massa Makan Diabaté reçoit de son père une éducation traditionnelle orale, mais son passage à l'université lui fait découvrir la magie de l'écriture, qu'il adopte au détriment de l'oralité. Cela ne l'empêchera pas de défendre dans ses romans la culture africaine et son attachement à ses traditions orales.

Égypte. Le désert blanc est une autre curiosité du pays des pharaons. Situées entre l'oasis de Baharia et celle de Farafra, de surprenantes formations calcaires érodées par le vent forment des sculptures au milieu du désert sur plus de 60 kilomètres.

Kenya. Le léopard est remarquable pour sa vitesse de déplacement. Son corps longiligne et musclé l'aide à grimper dans les arbres sur lesquels il hisse ses proies pour les dévorer à l'abri des charognards.

"Les animaux n'ont pas,
comme l'homme, l'orgueil de se croire
les rois de la Création."

Théodore Monod

1902 - 2000
Naturaliste et savant français, Théodore Monod découvre l'Afrique lors de deux missions de recherche pour le Muséum d'histoire naturelle où il est entré en 1922. De 1953 à 1964, il a parcouru 5 200 kilomètres à pied et à dos de chameau à travers le Sahara occidental dont il devint l'un des plus éminents spécialistes en zoologie, botanique et archéologie.
Au fil du temps et de l'expérience, ce fut un fervent écologiste engagé.

S

"L'eau ne peut arriver aux lèvres d'un homme qui se contenterait de tendre ses paumes vers elle."

Driss Chraïbi

1926 - 2007

Romancier marocain de langue française. Driss Chraïbi publie en 1954 *Passé simple*, son premier roman dans lequel il dénonce l'archaïsme de la société marocaine. Vivement critiqué, il se forge une réputation d'écrivain rebelle qu'il assumera dans tous ses livres. Il a reçu de nombreux prix littéraires, dont celui de l'Afrique méditerranéenne en 1973, comme récompense pour toute son œuvre.

Soudan. Le magnifique phare de Sanganeb a été construit par les Anglais en 1930. L'ascension des 266 marches offre au visiteur une vue incroyable sur ce lagon africain aux teintes turquoise et bleu profond.

"Il n'y a que le désert qui guérisse le désespoir : on peut y pleurer sans crainte de faire déborder un fleuve."

Ahmadou Kourouma

1927-2003

Écrivain ivoirien. Son nom signifie "guerrier" en langue malinké. De 1950 à 1954, il est tirailleur sénégalais en Indochine. Son œuvre littéraire critique l'Afrique coloniale et l'après-décolonisation ; ses positions lui feront connaître la prison et l'exil. Son premier roman *Les Soleils des indépendances* paraît en 1970. Vingt ans plus tard, il signe son deuxième livre, *Monnè, outrages et défis*. Suivront *En attendant le vote des bêtes sauvages*, prix du Livre Inter, et *Allah n'est pas obligé*, couronné du prix Renaudot et du prix Goncourt des lycéens.

Soudan. Les nécropoles royales de Méroé rassemblent plusieurs dizaines de pyramides construites sur le modèle des grandes pyramides d'Égypte, mais dans des proportions beaucoup plus modestes.

"Cherchons comme cherchent ceux qui doivent trouver et trouvons comme ceux qui doivent chercher encore. Car il est écrit : 'Celui qui est arrivé au terme ne fait que commencer.'"

Augustin d'Hippone

ou Saint Augustin

354 - 430

Né à Thagaste, l'actuelle Souk-Ahras en Algérie. Philosophe, théologien, évêque d'Hippone (Annaba en Algérie) et écrivain romain d'origine berbère, il est l'un des principaux Pères de l'Église dont les œuvres et la doctrine donnèrent naissance à un système de pensée. *La Cité de Dieu* et *Les Confessions* sont deux de ses œuvres les plus connues.

Mauritanie. Fondée au XIIIe siècle, la ville de Chinguetti dans le désert de l'Adrar fut un grand centre de commerce caravanier entre l'Afrique du Nord et l'Afrique noire. Ce lieu de passage constitua aussi un important carrefour culturel qui a conservé jusqu'à ce jour de très anciennes bibliothèques et des manuscrits datant pour certains du IXe siècle.

S

"Le bonheur ne s'acquiert pas,
il ne réside pas dans les apparences,
chacun d'entre nous le construit
à chaque instant de sa vie avec son cœur."

Pensée dogon

Les Dogons vivent au Mali dans une région comprise entre la falaise de Bandiagara et le sud-ouest du Niger. Ils sont agriculteurs et forgerons.

Bénin. Cette femme parée de bijoux a été photographiée à Ouidah, une ville historique du Bénin. C'est dans son port que furent embarqués des milliers d'esclaves au cours des XVIIe, XVIIIe et XIXe siècles. Ce village était à l'origine un petit royaume nommé Xwéda qui vivait de l'agriculture, de la chasse et de la pêche.

"Le fleuve fait des détours parce que personne ne lui montre le chemin."

Proverbe gabonais

L'oralité fit partie de la culture du Gabon jusqu'à l'arrivée des navigateurs portugais au XVe siècle, période des premiers témoignages écrits sur les populations côtières. Les Pygmées sont considérés comme les premiers habitants du Gabon.

Botswana. Avec ses 18 000 km^2, le delta de l'Okavango est le deuxième plus grand delta d'Afrique après celui du Niger. Le fleuve se déverse dans le désert du Kalahari et forme des îles sur lesquelles nichent de nombreuses espèces d'oiseaux comme la grue royale ou l'ibis sacré.

S

"On ne peut traverser à gué un fleuve aux courants dangereux. Mais il est toujours possible d'y puiser pour étancher sa soif."

Massa Makan Diabaté

1938 - 1988

Écrivain malien. Jeune griot dès l'âge de 7 ans, Massa Makan Diabaté reçoit de son père une éducation traditionnelle orale, mais son passage à l'université lui fait découvrir la magie de l'écriture, qu'il adopte au détriment de l'oralité. Cela ne l'empêchera pas de défendre dans ses romans la culture africaine et son attachement à ses traditions orales.

Bénin. La cité lacustre de Ganvié, située sur la rive nord-ouest du lac Nokoué, est considérée comme la "Venise africaine". Ici, la population vit sur l'eau dans des cases sur pilotis et se déplace en pirogue.

"Lorsque nous prenons conscience que le sol sur lequel nous marchons n'est pas que la terre, que les arbres et les animaux ne sont pas juste bons à être consommés, alors nous pouvons commencer à accepter que nous sommes des esprits vibrant à l'unisson avec tous les autres esprits autour de nous."

Sobonfu Somé

Cette auteure du Burkina Faso fait partie des initiés du peuple dagara en Afrique de l'Ouest. Son nom signifie "gardienne du rituel". Elle a été élevée de façon traditionnelle et instruite par les anciens. Dans ses écrits, elle souhaite apporter le message de l'Afrique, message sensible d'une très grande richesse.

Tanzanie. Le volcan Ol Doinyo Lengaï, la "Montagne des Dieux" pour le peuple masaï, fait aussi partie de l'histoire géologique de l'Afrique. Situé dans la vallée du Rift, ce stratovolcan est toujours actif. L'éruption de 1966 a créé un cratère de 500 mètres de long sur 100 mètres de profondeur. Le 19 juillet 2007 est la date de la dernière manifestation du volcan.

"Il te restera toujours tes rêves pour réinventer le monde que l'on t'a confisqué."

Yasmina Kadra

Né en 1955
Écrivain algérien. Derrière ce nom de femme se cache la plume d'un homme, celle de Mohamed Moulessehoul. Dès son enfance, lorsqu'il est cadet dans l'armée, Mohamed Moulessehoul veut devenir écrivain comme il le raconte admirablement dans son roman *L'Écrivain*. Un rêve qui devient réalité malgré son costume d'officier qu'il abandonne à l'âge de 36 ans pour se consacrer entièrement à la littérature. *À quoi rêvent les loups ?*, *Les Hirondelles de Kaboul* ou encore *L'Attentat* sont quelques-uns de ses romans.

Burkina Faso. La grande mosquée de Bobo Dioulasso date du XIXe siècle. Sa construction serait née du conflit existant entre les rois de Sya et de Kénédougou. Le roi de Sya ne pouvant faire face aux assaillants, il dut négocier l'appui des musulmans. En échange, il s'engagea à bâtir une mosquée.

"Chant évocateur
de choses éloignées
qui n'existent
qu'au-delà
de la pensée,
et laissent de vagues moments
de nostalgie,
dans un tourment confus
au fond
de nos âmes."

Jorge Barbosa

1902-1971
Poète capverdien d'expression portugaise.
Jorge Barbosa a appartenu au mouvement littéraire de la *Claridade* qui réunit pendant les années 1930 à Mindelo des intellectuels voulant réagir contre la domination culturelle portugaise.

Cap-Vert. Sao Filipe. Colonie portugaise à partir de 1456, le Cap-Vert a gardé une empreinte indélébile de la culture européenne tout en conservant des traditions africaines fortes. Les villes aux architectures baroques et aux rues pavées contrastent avec les couleurs vives et chatoyantes qui ornent les murs des maisons.

35A

S

"Femme nue, femme noire
Je chante ta beauté, forme que je fixe dans l'éternel
Avant que le destin jaloux ne te réduise en cendres
Pour nourrir les racines de la vie."

Léopold Sédar Senghor

1906-2001
Homme politique, poète et écrivain sénégalais, Léopold Sédar Senghor a été le premier Africain à siéger à l'Académie française. Ce sont ses recueils de poésie qui caractérisent le plus son œuvre littéraire, notamment *Chants d'ombre* ou *Femme noire*.

Côte d'Ivoire. Dans le village de Kangandissou, les féticheuses, habillées d'un drap blanc, s'enduisent le corps de kaolin avant de commencer leur danse rituelle aux sons des tambours. Ces voyantes traditionnelles perpétuent les rites au sein d'une école située à Tanguélan dans la région d'Agnibilékrou, à 200 kilomètres d'Abidjan.

S

"Aussi longtemps que les lions n'auront pas leur historien, les récits de chasse tourneront toujours à la gloire des chasseurs."

Proverbe africain

Sur tout le continent africain, la tradition orale s'exprime sous la forme de mythes, de légendes, d'allégories, de contes, de chants, de mélopées, de poèmes, de pièces de théâtre et de proverbes. Le but est de raconter le présent, le passé chargé d'histoire, mais aussi de célébrer la nature dans laquelle l'homme puise ses ressources, tout en veillant à le mettre en garde sur ses agissements souvent destructeurs. La tradition orale se transmet de génération en génération.

Kenya. Réserve du Massaï Mara. On recense environ 30 000 lions en liberté. Ce chiffre dénote une baisse sensible de la population qui pourrait être due à la réduction du gibier chassé par les lions, à la dégradation de son habitat et aux conflits avec l'homme. Le lion aurait disparu sur plus de 80 % de son ancien territoire, ce qui en fait une espèce vulnérable selon l'UICN (Union Internationale pour la Conservation de la Nature).

S

"La terre a toujours appartenu au peuple et pourtant les gens ne la considèrent pas comme la leur. Elle est du domaine de l'esprit, comme quelque chose qu'ils ne font qu'emprunter."

Djibril Tamsir Niane

Né en 1932

Écrivain et historien guinéen. Pour son diplôme en histoire, il s'intéresse à l'Empire du Mali et collecte auprès des griots les récits de tradition orale, une matière qui lui servira à l'écriture de son ouvrage le plus connu : *Soundjata, ou l'épopée mandingue*. Certains de ses écrits lui feront connaître les geôles sous le régime de Sékou Touré et l'exil au Sénégal.

Mali. Situés au sud-est de Tombouctou, dans la boucle du Niger, les monts Hombori font partie d'une chaîne gréseuse découpée par l'érosion en massifs tabulaires de plus de 350 kilomètres. Ils forment l'essentiel des régions montagneuses du Mali.

S

"Quand la mémoire va chercher du bois mort, elle ramène le fagot qui lui plaît."

Birago Diop

1906 - 1989

Écrivain sénégalais d'expression française qui rendit hommage à la tradition orale de son pays en publiant des contes, notamment *Les Contes d'Amadou Koumba* en 1958 puis *Contes et Lavanes* en 1963. Son recueil de poèmes *Leurres et Lueurs* paru en 1960 est profondément imprégné de culture française tout en gardant une inspiration purement africaine. Dans les années 1930, il s'associa au mouvement de la négritude qui comptait alors Léopold Sédar Senghor et Aimé Césaire.

Sénégal. Parc national de la Langue de Barbarie, dans la région du fleuve Sénégal. Créé en 1976, ce parc couvre 2 000 hectares comprenant l'estuaire du fleuve Sénégal, l'extrémité sableuse de la Langue, les marigots bordant le continent et les deux îlots au milieu du fleuve.

S

"Seul le vieux singe sait comment décortiquer la vieille arachide."

Massa Makan Diabaté

1938 - 1988

Écrivain malien. Jeune griot dès l'âge de 7 ans, Massa Makan Diabaté reçoit de son père une éducation traditionnelle orale, mais son passage à l'université lui fait découvrir la magie de l'écriture, qu'il adopte au détriment de l'oralité. Cela ne l'empêchera pas de défendre dans ses romans la culture africaine et son attachement à ses traditions orales.

Rwanda. Menacé d'extinction, le gorille de montagne est une espèce protégée. Dans le parc naturel des Volcans où vit l'une des communautés de primates, les gardiens veillent car les braconniers sont toujours à l'affût de ce type de gibier qu'ils revendent comme viande de brousse sur les marchés locaux.

"Le bonheur ne s'acquiert pas,
il ne réside pas dans les apparences,
chacun d'entre nous le construit
à chaque instant de sa vie avec son cœur."

Pensée dogon

Les Dogons sont principalement des cultivateurs de petit mil, de sorgho, de riz et d'oignons. Le mil constitue leur alimentation de base.

Mali. Sur les falaises de Bandagiara s'accrochent les villages traditionnels dogons. Pour y accéder, il faut emprunter des chemins escarpés qui suivent les failles du plateau rocheux.

« S'il en existe qui ne rêvent que d'être blancs, l'avenir se chargera de leur faire comprendre que 'le séjour dans l'eau ne transforme pas un tronc en crocodile'. »

Seydou Badian Kouyaté

Né en 1928

Né en 1928. Écrivain et homme politique malien. C'est lui qui a écrit l'hymne national du Mali : *Pour l'Afrique et pour toi, Mali*. Il a publié son premier roman, *Sous l'orage*, avant l'indépendance du Mali, puis *Le Sang des masques* en 1976, *Noces sacrées* en 1977 et *La Saison des pièges* en 2007.

Sénégal. L'eau du lac Rose, ou lac Retba, est particulièrement salée : 380 grammes par litre. Le sel y est exploité depuis les années 1970. Pour se protéger de la salinité corrosive, les hommes s'enduisent le corps de beurre de karité.

S

"Seul le rythme provoque
le court-circuit poétique
et transforme le cuivre en or,
la parole en verbe."

Léopold Sédar Senghor

1906-2001

Homme politique, poète et écrivain sénégalais, Léopold Sédar Senghor a été le premier Africain à siéger à l'Académie française. Ce sont ses recueils de poésie qui caractérisent le plus son œuvre littéraire, notamment *Chants d'ombre* ou *Femme noire*.

Mali. Pays dogon. Les danses cérémonielles dogons sont très codifiées. Elles expriment la formation du monde, l'organisation du système solaire, le culte des divinités ou les mystères de la mort. Une langue secrète est réservée à la société des masques.

"Tu verras dans le temple de ton ciel
un visage de lumière, ton visage,
mon frère, ma sœur, étincellant parmi
la poussière d'étoiles humaines.
Tu es une étoile. Ne l'oublie pas.
Lève les yeux !"

Irénée Guilane Dioh

Né en 1948
Écrivain sénégalais, chercheur en linguistique et en stylistique du français moderne, Irénée Guilane Dioh est issu de la tribu Seereer sur laquelle il a réalisé une étude de la langue très approfondie. Son œuvre est composée d'études linguistiques comme *Éthiopiques de Léopold Sédar Senghor* et d'un recueil de poésies, *Éphémérides*, paru en 1998.

Tanzanie. Les peuples nomades de Tanzanie sont en général des pasteurs, éleveurs de vaches ou de zébus. Au fil du temps et des conditions de vie devenues précaires, certaines tribus, notamment les Massaï, se sont sédentarisées et fabriquent des objets artisanaux destinés aux touristes.

S

"En Afrique, un ancien qui meurt,
c'est une bibliothèque qui brûle."

Amadou Hampâté Bâ

1900 (ou 1901) - 1991
Écrivain malien descendant d'une famille peule. Enfant, il fréquente l'école coranique puis l'école française de Biangara et de Djenné. Il refuse en 1921 d'entrer à l'École normale et occupe plusieurs postes dans l'administration coloniale au Burkina Faso. En 1942, il rejoint à Dakar l'Institut français d'Afrique noire (Ifan), alors dirigé par Théodore Monod. Il y mènera des études ethnologiques et recueillera les traditions orales. Ses mémoires seront publiés après sa mort.

Soudan. La population est composée d'une vingtaine d'ethnies dont la plus importante est celle des Arabes (40 %), suivie des Dinkas (12 %), des Béjas (7 %), des Hamars, des Zandes, des Shilluks, des Nuers, des Mondaris, des Lokutos et des Nubiens. On y dénombre plus de 125 langues, mais la majorité des habitants parlent l'arabe soudanais, une variété dialectale de l'arabe.

"L'amour est la seule chose que le partage grandit."

Massa Makan Diabaté

1938-1988

Écrivain malien. Jeune griot dès l'âge de 7 ans, Massa Makan Diabaté reçoit de son père une éducation traditionnelle orale, mais son passage à l'université lui fait découvrir la magie de l'écriture, qu'il adopte au détriment de l'oralité. Cela ne l'empêchera pas de défendre dans ses romans la culture africaine et son attachement à ses traditions orales.

Kenya. Dans le parc d'Amboseli, les éléphants font partie des animaux vedettes. L'accroissement de la population a obligé les autorités à poser des clôtures pour protéger les zones cultivées et éviter les conflits avec les populations alentour.

S

"Une vie de bonheur, n'est ce pas la chose que tout le monde veut et que personne au monde ne refuse ? Mais où l'a-t-on connue pour la vouloir tant ? Où l'a-t-on vue pour en être si épris ?"

Augustin d'Hippone ou saint Augustin

354 - 430

Né à Thagaste, l'actuelle Souk-Ahras en Algérie. Philosophe, théologien, évêque d'Hippone (Annaba en Algérie) et écrivain romain d'origine berbère, il est l'un des principaux Pères de l'Église dont les œuvres et la doctrine donnèrent naissance à un système de pensée. *La Cité de Dieu* et *Les Confessions* sont deux de ses œuvres les plus connues.

Éthiopie. Le long de la vallée du fleuve Omo, au sud-ouest de l'Éthiopie, sont installées de nombreuses ethnies qui vivent loin de la civilisation moderne. Parmi elles, les Mursi, réputés pour leurs femmes à la lèvre percée et qui portent de larges plateaux de terre cuite, ou encore les Hamer, les Bana, les Karo... sur qui l'on connaît peu de chose.

S

"Toi qui es seuil de tout commencement,
Où repose tout ce qui demeure,
Source de vie de tout ce qui
Vole, vit et meurt,
Arbres, animaux, êtres et choses."

Kiné Kirama Fall

Née en 1934

Poétesse sénégalaise. "Mes poèmes sont presque tous des chants. C'est l'âme africaine qui chante le monde", raconte l'écrivaine pour expliquer sa poésie. Solitaire, elle cherche avant tout à se connaître, à se vaincre elle-même pour mieux comprendre les autres. Et de conclure : "J'ai toujours écrit, mais je ne savais pas que je faisais de la poésie." Elle a publié *Chants de la rivière fraîche* en 1975 et *Les Élans de grâce* en 1979.

Éthiopie. Triangle Afar. La dépression de Danakil se situe 120 mètres au-dessous du niveau de la mer et la température peut atteindre 50°C. L'interaction entre les soubresauts du volcan Erta Ale et ce désert de sel a formé un lac acide qui décline une palette de couleurs spectaculaires allant du blanc au jaune et au vert jade.

Tanzanie. Éleveurs de chameaux, les Rendilles nomadisent à travers le territoire. Aux premières lueurs de l'aube, les jeunes garçons bouviers, qui assistent les guerriers dans leurs tâches, s'apprêtent à traire les chamelles. Chez les Rendilles, la traite est réservée aux hommes.

S

"Je suis né dans un village
Perdu des savanes,
Dans la chaleur du Sahel,
Où la pluie nous vient des rivières !
Chaque pierre
A son histoire !
Chaque feuille,
Son histoire !
C'est le lieu où se retrouvent
Patiemment rassemblés
Dans le cœur des aînés,
Tous les souvenirs des fonds antiques !

Frédéric Pacéré Titinga

Né en 1943
Avant d'être reconnu comme poète et écrivain, cet auteur burkinabé exerce la profession d'avocat près de Ouagadougou. En 1982, il obtient le grand prix littéraire de l'Afrique noire. Son œuvre poétique se compose de six recueils dont *Refrains sous le Sahel* en 1976, *La Poésie des griots* en 1982 et *Saglego ou Le Poème du tam-tam* paru en 1994.

"On oublie souvent que la mer, avant tout, n'a pas d'âge ; sa force réside en cela."

Mohammed Dib

1920 - 2003

Écrivain algérien de langue française, romancier, auteur de pièces de théâtre, de contes, de nouvelles et de poésies. Auteur engagé, il est expulsé d'Algérie après la publication de son roman *Un été africain* où il aborde l'indépendance de l'Algérie. Sous l'influence, entre autres, d'Albert Camus, il s'installe en France où il construira son œuvre, récompensée par de nombreux prix dont le Grand Prix de la Francophonie de l'Académie française en 1994, attribué pour la première fois à un écrivain maghrébin.

Tanzanie. L'archipel de Zanzibar dans l'océan Indien fait face à la Tanzanie. Plaque tournante pour le commerce des esclaves, de l'ivoire et des épices depuis le Moyen Âge, Zanzibar bénéficie également d'un couloir naturel pour le passage des grands poissons et des cétacés qui attirent de nombreux pêcheurs.

S

"L'homme depuis sa naissance est coincé entre deux mirages : l'un qui le pousse dans le dos et qui est la mort, l'autre étant l'horizon de la vie qui recule sans cesse."

Driss Chraïbi

1926 - 2007

Romancier marocain de langue française. Driss Chraïbi publie en 1954 *Passé simple*, son premier roman dans lequel il dénonce l'archaïsme de la société marocaine. Vivement critiqué, il se forge une réputation d'écrivain rebelle qu'il assumera dans tous ses livres. Il recevra de nombreux prix littéraires dont celui de l'Afrique méditerranéenne en 1973, comme récompense pour toute son œuvre.

Niger. Dunes de Temet. Les Touaregs occupent un territoire éclaté entre la Libye, l'Algérie, le Mali, le Niger et le Burkina Faso. Ils ont pourtant une culture commune et appartiennent à la même civilisation. Ces nomades et éleveurs de chameaux et de chèvres se sont aujourd'hui sédentarisés en majorité, même si bon nombre d'entre eux se déplacent encore au gré des zones désertiques.

"La connaissance n'est pas réservée aux seuls vieillards : un enfant qui sait interroger peut l'acquérir."

Massa Makan Diabaté

1938 - 1988

Écrivain malien. Jeune griot dès l'âge de 7 ans, Massa Makan Diabaté reçoit de son père une éducation traditionnelle orale, mais son passage à l'université lui fait découvrir la magie de l'écriture, qu'il adopte au détriment de l'oralité. Cela ne l'empêchera pas de défendre dans ses romans la culture africaine et son attachement à ses traditions orales.

Tanzanie. Plus de 120 groupes ethniques sont représentés en Tanzanie. Le plus important est celui des Sukuma qui constituent plus de 15% de la population totale, suivis des Gogo avec 4,1%, les autres groupes représentant moins de 4% chacun. Sur les îles de Zanzibar et de Pemba, la population d'origine est composée des Washiraz et des Wahadimu.

S

"On me demande parfois d'où je viens
Et je réponds : 'Je n'en sais rien
Depuis longtemps je suis sur le chemin
Qui me conduit jusqu'ici
Mais je sais que je suis né de l'amour
De la terre avec le soleil.'"

Francis Bebey

Né en 1929
Écrivain, journaliste, reporter, musicien et compositeur camerounais, Francis Bebey s'est attaché à décrire avec beaucoup d'humour la vie quotidienne de l'Afrique contemporaine dans *Trois Petits Cireurs ou L'Enfant pluie*. On lui doit aussi deux recueils de poèmes : *Concert pour un vieux masque* et *La Nouvelle Saison des fruits*.

Sénégal. À 40 kilomètres au nord de Dakar, sur la Grande Côte, le lac Retba proche du village de Sangalkam est une curiosité naturelle. On l'appelle le "lac Rose" parce que sa forte teneur en sel et la présence d'algues microscopiques et de micro-organismes dans son eau lui donnent cette couleur rosée. Selon l'heure et la lumière, il passe par toutes les nuances, du rose jusqu'au mauve en fin d'après-midi.

“Les ombres marchent, les animaux marchent sur la terre qui marche, pourquoi je ne marcherais pas, moi ?”

Amadou Hampâté Bâ

1900 (ou 1901)-1991
Écrivain malien descendant d’une famille peule. Enfant, il fréquente l’école coranique puis l’école française de Biangara et de Djenné. Il refuse en 1921 d’entrer à l’École normale et occupe plusieurs postes dans l’administration coloniale au Burkina Faso. En 1942, il rejoint à Dakar l’Institut français d’Afrique noire (Ifan), alors dirigé par Théodore Monod. Il y mènera des études ethnologiques et recueillera les traditions orales. Ses mémoires seront publiés après sa mort.

Éthiopie. La caravane qui sillonne ce désert aride dans le triangle des Afars transporte du sel récolté par les Afars. Depuis des millénaires, cet or blanc est échangé dans les villes à quatre jours de marche, contre des produits de première nécessité.

"Je ressens mieux l'oppression universelle maintenant que le moindre mot pèse plus qu'une larme."

Kateb Yacine

1929-1989

Écrivain et dramaturge algérien. *Le Cercle des représailles* (1959), *Le Polygone étoilé* (1966), *L'Homme aux sandales de caoutchouc* (1970), *Nedjma* (1981), *L'œuvre en fragments* (1986) sont quelques-uns des titres de l'œuvre de ce grand écrivain. Militant et engagé dans plusieurs batailles politiques dès 1945, il participe à l'âge de 15 ans à la grande manifestation des musulmans de Sétif et écope de quatre mois de prison. Il s'engage également sur le plan linguistique lorsqu'il publie ses textes en arabe dialectal et fait jouer ses pièces de théâtre en langue berbère. Ses évocations de la souche berbère et de la langue tamazirt, ses positions libertaires, notamment en faveur de l'égalité de la femme et de l'homme et contre le retour du port du voile, lui ont valu de nombreuses critiques.

Tchad. Les lacs d'Ounianga sont en réalité une série de lacs, d'étangs et de marécages situés dans le Sahara méridional, entre les massifs du Tibesti et de l'Ennedi. Compte tenu des très faibles précipitations, la zone est considérée comme extrêmement aride. Malgré cela, les Ounia habitent la région, se partageant entre palmeraies et jardins, salines et pâturages.

*"Quand une femme pleure,
c'est comme si le soleil se voilait."*

Massa Makan Diabaté

1938 - 1988

Écrivain malien. Jeune griot dès l'âge de 7 ans, Massa Makan Diabaté reçoit de son père une éducation traditionnelle orale, mais son passage à l'université lui fait découvrir la magie de l'écriture, qu'il adopte au détriment de l'oralité. Cela ne l'empêchera pas de défendre dans ses romans la culture africaine et son attachement à ses traditions orales.

Tchad. Lors des cérémonies de mariage chez les Toubou, une ethnie de pasteurs nomades qui peuple le Tibesti, les familles de la mariée et du futur gendre échangent traditionnellement du bétail, leur plus grande richesse.

"Écoute plus souvent
Les Choses que les Êtres,
La Voix du Feu s'entend,
Entends la Voix de l'Eau.
Écoute dans le Vent
Le Buisson en sanglots :
C'est le souffle des Ancêtres."

Birago Diop

1906-1989
Écrivain sénégalais d'expression française qui rendit hommage à la tradition orale de son pays en publiant des contes, notamment *Contes d'Amadou Koumba* en 1958 puis *Contes et Lavanes* en 1963. Son recueil de poèmes *Leurres et Lueurs* paru en 1960 est profondément imprégné de culture française tout en gardant une inspiration purement africaine. Dans les années 1930, il s'associa au mouvement de la négritude qui comptait alors Léopold Sédar Senghor et Aimé Césaire.

Afrique du Sud. Originaire du Zoulouland, la terre d'origine du peuple zoulou, au nord-ouest de l'actuelle province de KwaZulu-Natal, cette femme porte sur son visage un masque de beauté végétal qui protège sa peau des chauds rayons du soleil.

"Que celui qui n'a pas traversé
ne se moque pas de celui qui s'est noyé."

Proverbe sénégalais

Selon la tradition sénégalaise et dans les pays d'Afrique de l'Ouest, les griots sont les sages qui ont de tous temps permis la transmission orale de la culture en Afrique. Le griot est considéré comme le dépositaire de la tradition orale, notamment de l'histoire du pays, de la généalogie qu'il exprime à travers des chants ou des contes. Il est aussi celui qui veille, encore aujourd'hui, à éveiller les consciences en répandant la sagesse et la tolérance au sein des communautés.

Kenya. L'éléphant de savane d'Afrique se distingue de ses congénères des forêts et d'Asie par son imposante stature. Il mesure environ 4 mètres au garrot, présente deux doigts préhensiles au bout de la trompe et de grandes oreilles permettant de réguler sa température interne. Le crâne est à peu près plat et tous les individus portent des défenses.

S

"Le masque et la danse, la musique et le chant mêlés, l'image symbolique, la mélodie et le rythme, font la poésie au sens étymologique du mot, c'est-à-dire la création."

Alassane Ndaw

Né en 1958
Écrivain philosophe sénégalais. Ancien doyen de la faculté de lettres de l'université Cheikh Anbta Diop à Dakar, Alassane Ndaw a centré son travail de chercheur sur les fondements de la pensée négro-africaine, titre de sa thèse de doctorat. *La Pensée africaine* paru en 1997 est l'un de ses ouvrages de référence.

Éthiopie. Le saut du bœuf est un rituel important chez les Hamer, une ethnie de la vallée de l'Omo. Un jeune homme du groupe devra prouver sa capacité à être un homme en courant sur des zébus alignés. Les femmes harcèlent les hommes pour se faire fouetter jusqu'au sang en signe de soutien à l'initié avant l'épreuve du saut. Car si le jeune homme échoue, il sera fouetté.

"Il faut creuser les puits aujourd'hui pour étancher les soifs de demain."

Proverbe peul

Cette ethnie est répartie sur une quinzaine de pays d'Afrique, essaimant une culture commune. Ce sont à l'origine des nomades, éleveurs, très attachés à la religion musulmane.

Tchad. Le Guelta d'Archei dans l'Ennedi est réputé pour l'esthétique de ses gorges surplombées de falaises à perte de vue. C'est à cet endroit que, depuis des millénaires, les caravanes de chameaux s'arrêtent pour s'abreuver. Pour preuve, les gravures rupestres qui animent la roche.

S

"Il arrive qu'un individu devienne le centre de votre vie, sans que vous ne soyez lié à lui ni par le sang ni par l'amour, mais simplement parce qu'il vous tient la main, vous aide à marcher sur le fil de l'espoir. Ami ! Frénétiquement."

Fatou Diome

Née en 1968

Romancière. Élevée sur la petite île de Niodior, au sud-ouest du Sénégal, Fatou Diome décide, contrairement aux traditions locales, de s'instruire et se rend à l'école en cachette de sa grand-mère. Elle se passionne pour la littérature francophone. En 2003, elle publie son premier roman *Le Ventre de l'Atlantique*, puis suivra *Kétala* en 2006.

Madagascar. La récolte du sisal est typique de "l'île Rouge". Cette plante rustique, un agave dont les feuilles peuvent atteindre la taille d'un homme, est cueillie pour ses fibres nécessaires à la fabrication des cordages et à la confection de paniers, espadrilles, etc. Largement exporté dans le monde, le sisal malgache est devenu une source de revenus importante pour le pays.

"Être libre, ce n'est pas seulement se débarrasser de ses chaînes ; c'est vivre d'une façon qui respecte et renforce la liberté."

Nelson Mandela

Né en 1918
Prix Nobel de la paix en 1993, Nelson Mandela fut le premier président noir élu en Afrique du Sud, en 1994. Après vingt-cinq ans passés en prison pour avoir notamment fondé l'ANC (African National Congress), il s'est battu toute sa vie pour l'abolition de l'apartheid. Aujourd'hui, il a choisi de mener son combat contre le sida.

Afrique du Sud. Village de Kobonqama. Selon la tradition, si les hommes construisent les maisons, seules les femmes sont habilitées à en peindre les façades. Si chez les Zoulous elles restent blanches, chez les Ndébélés les couleurs éclatent. L'abstraction est de rigueur et chaque femme puise dans son inspiration personnelle pour mélanger couleurs et figures.

"Si, des femmes, toutes les mains voulaient s'enlacer,
Pour former une ceinture embrassant l'Univers ;
Si, des femmes, toutes les voix fredonnaient le même air,
Dissiper la langueur, et prôner liberté ;
Si, des femmes, tous les cœurs battaient au même rythme,
Ranimer le vieux monde, par le mal étouffé ;
Si seulement toutes les femmes le voulaient bien ;
Il naîtrait au vieux monde un cœur neuf, plein d'amour et de vie,
Impulsant sans arrêt du bonheur à foison."

N'dèye Coumba Mbengué Diakhaté

Décédée en 2001
Poétesse sénégalaise. Elle a été l'une des premières institutrices sorties de l'École normale de Rufisque au Sénégal. Son combat littéraire et associatif fut celui de la famille. Très active au sein de l'Association d'Action Sociale des Femmes de Rufisque, elle a publié un recueil de poèmes, *Filles du soleil*, où il est précisément question du quotidien des femmes.

Niger. Désert du Ténéré. La tente appartient aux femmes dans la tradition touareg. Si le nord de la tente est considéré comme néfaste, le sud est chargé de bénédiction, de baraka. La femme va s'y étendre quand arrive l'heure de mettre au monde un enfant...

Soudan. Les tombes royales de Méroé symbolisent la puissance de la Nubie et de la 25e dynastie de pharaons qui régna sur l'Égypte. Ces sépultures étaient réservées aux familles dynastiques qui vivaient sur les rives du Nil au niveau de la quatrième cataracte.

"Parler du désert, ne serait-ce pas, d'abord, se taire, comme lui, et lui rendre hommage non de nos vains bavardages mais de notre silence ?"

Théodore Monod

1902 - 2000

Naturaliste et savant français, Théodore Monod découvre l'Afrique lors de deux missions de recherche pour le Muséum d'histoire naturelle où il est entré en 1922. De 1953 à 1964, il a parcouru 5 200 kilomètres à pied et à dos de chameau à travers le Sahara occidental dont il devint l'un des plus éminents spécialistes en zoologie, botanique et archéologie. Au fil du temps et de l'expérience, ce fut un fervent écologiste engagé.

S

"La liberté ne connaît pas de frontières, il suffit qu'une voix s'élève et appelle à la liberté dans un pays pour redonner courage à ceux qui sont à l'autre bout du monde."

Kofi Annan

Né en 1938
Ancien Secrétaire général des Nations unies de 1997 à 2006, prix Nobel de la paix en 2001, Kofi Annan est aussi l'auteur de plusieurs livres et essais sur la situation dans le monde.

Soudan. Dans le triangle des Afars, les mines de sel sont exploitées dès l'aube. Équipés d'une herminette, les forçats du sel démontent méthodiquement les plaques blanchâtres qu'ils découperont ensuite en blocs de même taille afin de les charger sur les chameaux de bât.

"La poésie ne doit pas périr. Car alors, où serait l'espoir du Monde ?"

Léopold Sédar Senghor

1906 - 2001
Homme politique, poète et écrivain sénégalais, Léopold Sédar Senghor a été le premier africain à siéger à l'Académie française. Ce sont ses recueils de poésie qui caractérisent le plus son œuvre littéraire, notamment *Chants d'ombre* ou *Femme noire*.

Kenya. La girafe est un animal polygyne, c'est-à-dire que, comme dans un harem, le mâle dominant d'un troupeau s'adjuge de manière exclusive les faveurs sexuelles des femelles du groupe. Si une autre girafe mâle vient à contester la suprématie du mâle dominant, les deux mâles vont s'affronter. La girafe est chassée pour sa viande, sa peau et ses crins.

S

"Chaque mot, chaque être vient frapper à ta porte, t'apportant son énigme. Si tu es disponible, il t'inondera de sa richesse."

Irénée Guilane Dioh

Né en 1948

Écrivain sénégalais, chercheur en linguistique et en stylistique du français moderne, Irénée Guilane Dioh est issu de la tribu Seereer sur laquelle il a réalisé une étude de la langue très approfondie. Son œuvre est composée d'études linguistiques comme *Éthiopiques de Léopold Sédar Senghor* et d'un recueil de poésies, *Éphémérides*, paru en 1998.

Soudan. La montagne sacrée du Djebel Barkal. Au loin, le massif tabulaire duquel se détache un pic formant une tête de cobra, symbole dynastique du dieu Amon pour les Égyptiens. Afin d'honorer la divinité, plusieurs temples avec de grandes allées de sphinx furent construits à ses pieds.

"L'oiseau ne fait jamais palabre avec l'arbre, car il finit toujours par s'y poser."

Proverbe ivoirien

En Côte d'Ivoire, les chants qui accompagnent le *goumbé*, un groupe de chanteurs traditionnels, racontent souvent l'histoire d'une personne, de la famille, ou bien un événement passé. Gagné par les rythmes, l'auditeur est entraîné dans l'esprit du récit. Ces proverbes sont aussi une façon de voir le monde et utilisent souvent des métaphores où l'homme, comme dans les fables de La Fontaine, peut comprendre qu'il est nécessaire de ménager ceux dont il a besoin.

Madagascar. Sur les huit espèces de baobabs répertoriées dans le monde, "l'île Rouge" en possède six dont l'*Adansonia grandidieri* qui est endémique à l'île et tire son nom du patronyme d'un naturaliste français, Michel Adanson, qui fut le premier à décrire cette espèce d'arbre.

S

"L'homme, c'est l'univers en miniature.
L'homme et le monde sont interdépendants.
L'homme est le garant de l'équilibre
de la Création."

Amadou Hampâté Bâ

1900 (ou 1901)-1991
Écrivain malien descendant d'une famille peule. Enfant, il fréquente l'école coranique puis l'école française de Biangara et de Djenné. Il refuse en 1921 d'entrer à l'École normale et occupe plusieurs postes dans l'administration coloniale au Burkina Faso. En 1942, il rejoint à Dakar l'Institut français d'Afrique noire (Ifan), alors dirigé par Théodore Monod. Il y mènera des études ethnologiques et recueillera les traditions orales. Ses mémoires seront publiés après sa mort.

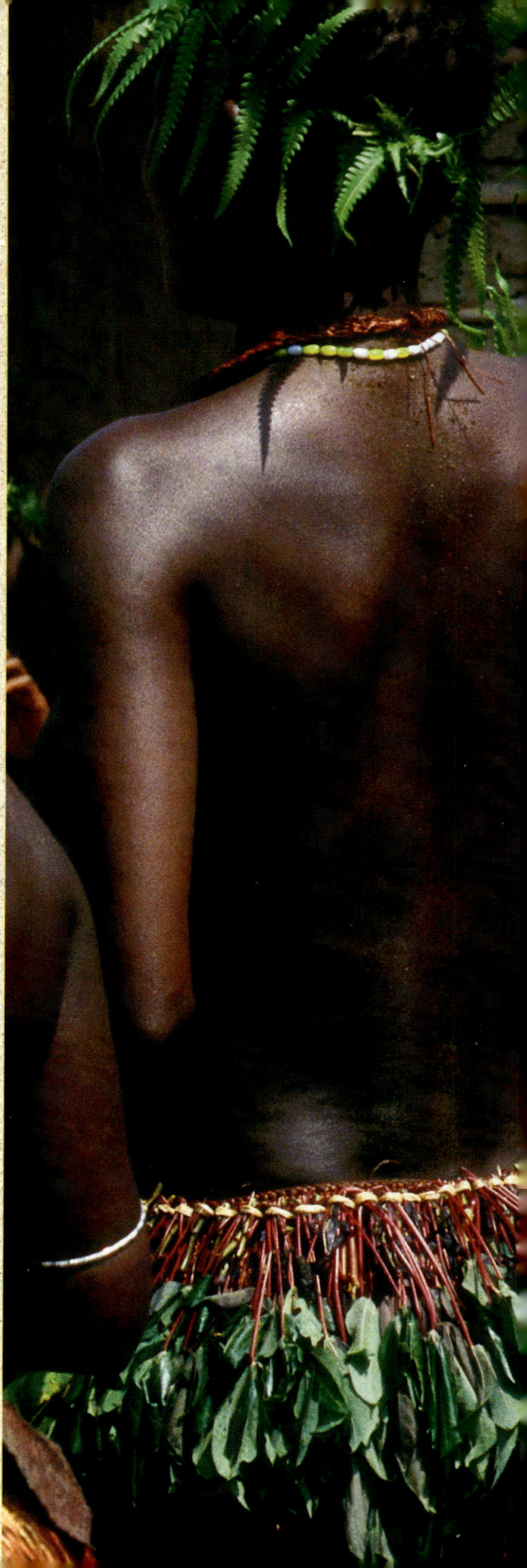

Gabon. Les Pygmées vivent dans la forêt équatoriale d'Afrique centrale. Chasseurs-cueilleurs, ils prélèvent dans la nature uniquement ce dont ils ont besoin pour vivre. Aujourd'hui, leur territoire est en danger, ce qui porte atteinte à leurs modes de vie ancestraux.

S

"La patience peut faire germer des pierres à condition de savoir attendre."

Driss Chraïbi

1926-2007
Romancier marocain de langue française. Driss Chraïbi publie en 1954 *Passé simple*, son premier roman dans lequel il dénonce l'archaïsme de la société marocaine. Vivement critiqué, il se forge une réputation d'écrivain rebelle qu'il assumera dans tous ses livres. Il a reçu de nombreux prix littéraires, dont celui de l'Afrique méditerranéenne en 1973, comme récompense pour toute son œuvre.

Madagascar. Véritables cathédrales de calcaires, les Tsingy forment un enchevêtrement de failles, de crevasses et d'aiguilles acérées. Ces roches calcaires formées par le dépôt de fossiles et de coquillages morts sous la mer il y a 200 millions d'années ont été ensuite façonnées par l'eau de pluie il y a 5 millions d'années. Les Tsingy constituent l'un des paysages les plus spectaculaires de Madagascar.

"La vie n'est qu'un immense rire de sagesse. Il ressemble parfois aux cris, parfois aux pleurs, parfois aux larmes ou à la douleur, mais ne t'y trompe pas, toi qui es sage, la vie n'est qu'un long rire, le reste n'est qu'apparence et tromperie."

Charif Barzouk

Début du XXe siècle
Philosophe berbère de tradition orale.

Mozambique. Lors des mariages, des groupes de danseuses traditionnelles mettent en scène le *Chakacha*. La mère de la jeune fille doit entamer la danse, tandis que les danseuses se mettent en rang par deux, puis forment un cercle dans lequel le couple va s'exhiber l'un après l'autre.

S

"On se trompera toujours sur la liberté chaque fois qu'on l'imaginera comme le résultat d'une élimination de toutes les entraves possibles et concevables."

Nsame Mbongo

Né en 1952
Philosophe et sociologue camerounais. Enseignant à la faculté des lettres et sciences humaines de l'université de Douala au Cameroun, cet écrivain s'interroge sur l'histoire africaine et sa place dans l'histoire universelle. Une réflexion qui ne peut que remuer les esprits et faire avancer le débat.

Afrique du Sud. Montagnes, littoral, plaines et déserts forment les paysages de ce pays situé à l'extrême pointe sud de l'Afrique. Cette grande variété de milieux offre de nombreuses niches écologiques à la faune et à la flore.

S

"La parole se fait spontanément rythme dès que l'homme est ému, rendu à lui-même, à son authenticité. Oui, la parole se fait poème."

Léopold Sédar Senghor

1906-2001

Homme politique, poète et écrivain sénégalais, Léopold Sédar Senghor a été le premier Africain à siéger à l'Académie française. Ce sont ses recueils de poésie qui caractérisent le plus son œuvre littéraire, notamment *Chants d'ombre* ou *Femme noire*.

Madagascar. Le long de la côte ouest de l'île vivent les Vezo. Ce peuple de marins utilise des pirogues à balancier pour atteindre le récif et pêcher. Les techniques de pêche sont restées traditionnelles (harpons, piques, filets). Le poisson est le plus souvent séché au soleil afin d'être conservé. Il sera ensuite vendu ou échangé contre du sel, des tissus, du pétrole ou d'autres produits.

"Plongez profondément dans votre coeur, écoutez le rythme. Les êtres que vous avez invités dans votre cercle ont leur propre langage et vont vous parler. Le problème, c'est que généralement nous n'écoutons pas assez et donc nous ne les entendons pas."

Sobonfu Somé

Cette auteure du Burkina Faso fait partie des initiés du peuple dagara en Afrique de l'Ouest. Son nom signifie "gardienne du rituel". Elle a été élevée de façon traditionnelle et instruite par les anciens. Dans ses écrits, elle souhaite apporter le message de l'Afrique, message sensible d'une très grande richesse.

Gabon. Chaque campement pygmée est conçu pour une famille. Il comprend des habitats pour les couples et d'autres pour les célibataires. Œuvres des femmes, les huttes sont rendues rigides par un treillage de branchettes ancré en terre auquel on donne en l'arquant la forme d'une tonnelle. On utilise des feuilles de marantacées pour la couverture de ces huttes.

« Il est une eau vive qui jaillit dans l'inconnu mais qui mouille le vent que tu bois, et tu aspires à sa découverte derrière ce roc massif détaché de quelque astre sans nom. »

Jean-Joseph Rabéarivelo

1901-1937

Poète malgache autodidacte, influencé par Victor Hugo, Charles Baudelaire et Paul Claudel, mais qui resta fortement attaché à la culture de son île. Sa vie passionnée et son talent d'écrivain s'achevèrent à 36 ans, âge auquel il se suicide. Il a laissé plusieurs recueils de poésie dont *Presque-songes* ou *Traduit de la nuit*, publiés en 1935.

Île Europa. Îles Éparses. Cette petite île de l'océan Indien située dans le canal du Mozambique est un territoire français depuis 1896. La flore naturelle y est variée et bien préservée. C'est aussi un véritable refuge pour la faune sauvage, notamment pour les tortues vertes qui viennent s'y reproduire.

S

"Rien ne vaut la force de l'amour de l'homme pour sa terre, sa forêt, ses fleuves, ses montagnes, ses rochers, ses arbres, ses oiseaux, ses pierres."

Jean-Marie Adiaffi

1941-1999

Cinéaste et poète ivoirien. Après des études de cinéma, il se tourne vers la philosophie et entreprend rapidement de construire une œuvre littéraire. En 1981, il reçoit le Grand Prix littéraire d'Afrique noire pour son roman *La Carte d'identité*. Suivront un recueil de poèmes, *D'éclairs et de foudres*, et un second roman, *Silence, on développe*.

Gabon. Dans la forêt équatoriale, les inselbergs sont ces îles-montagnes, généralement isolées, qui s'élèvent abruptement au-dessus de la canopée. Ces formations géologiques sont typiques des tropiques.

S

"Le forgeron et ses outils s'unissent
pour travailler le fer,
L'homme s'unit à la femme
pour procréer l'enfant,
L'eau du ciel et la terre s'unissent
pour produire les êtres,
Et les deux pieds alternent
pour créer la marche."

Amadou Hampâté Bâ

1900 (ou 1901)-1991
Écrivain malien descendant d'une famille peule. Enfant, il fréquente l'école coranique puis l'école française de Biangara et de Djenné. Il refuse en 1921 d'entrer à l'École normale et occupe plusieurs postes dans l'administration coloniale au Burkina Faso. En 1942, il rejoint à Dakar l'Institut français d'Afrique noire (Ifan), alors dirigé par Théodore Monod. Il y mènera des études ethnologiques et recueillera les traditions orales. Ses mémoires seront publiés après sa mort.

Tanzanie. Contrairement à d'autres tribus chamelières, les Rendilles ne montent jamais leurs bêtes, qu'ils utilisent seulement pour le portage. Une fois chargé, le dromadaire paraît doté d'une voilure.

S

"Nous ne sommes pas encore libres,
nous avons seulement atteint la liberté d'être libres."

Nelson Mandela

Né en 1918

Prix Nobel de la paix en 1993, Nelson Mandela fut le premier président noir élu en Afrique du Sud, en 1994. Après vingt-cinq ans passés en prison pour avoir notamment fondé l'ANC (African National Congress), il s'est battu toute sa vie pour l'abolition de l'apartheid. Aujourd'hui, il a choisi de mener son combat contre le sida.

Lesotho. L'ethnie Sotho ne fut pas la première à fouler le sol de ce territoire situé au cœur de l'Afrique du Sud. Avant eux, les Bushmen s'y installèrent avant d'en être chassés par les Sothos au XVIe siècle. Pour se protéger de la colonisation des Boers, ils se placèrent en 1868 sous l'autorité de la Grande-Bretagne.

S

"Ne me demandez pas
si le vent qui traîne
sur les cimes
Attise un foyer ;
si c'est un feu de joie,
si c'est un feu des pauvres
Ou un signal de guetteur..."

Mohammed Dib

1920 - 2003

Écrivain algérien de langue française, romancier, auteur de pièces de théâtre, de contes, de nouvelles et de poésies. Auteur engagé, il est expulsé d'Algérie après la publication de son roman *Un été africain* où il aborde l'indépendance de l'Algérie. Sous l'influence, entre autres, d'Albert Camus, il s'installe en France où il construira son œuvre récompensée par de nombreux prix dont le Grand Prix de la francophonie de l'Académie française en 1994, attribué pour la première fois à un écrivain maghrébin.

Botswana. Au sud-ouest, l'immense désert du Kalahari — 70 % de la surface du pays —, au nord, le delta de l'Okavango et le désert de sel du Makgadikgadi forment l'essentiel des paysages du Botswana. Les villages de maisons aux toits de chaume sont installés dans ces grands espaces souvent désertiques.

S

*"Les mots d'amour sont propres à émouvoir les oreilles,
même si leur musique ne touche pas le cœur,
ils sont comme un baume sur une âme renfermée."*

Naguib Mahfouz

1911-2006

Écrivain égyptien. Prix Nobel de littérature en 1988, il choisit pour décor de ses romans Le Caire, la ville de son enfance. *Les Enfants de notre quartier* (1959), *Dérives sur le Nil* (1966), *Miramar* (1967) ou encore *La Chanson des gueux* (1977) sont quelques-uns de ses romans où le réalisme prédomine. Sa notoriété littéraire dépassera largement les frontières de l'Égypte.

Kenya. Avec ses 4 mètres au garrot, l'éléphant de la savane est l'un des plus impressionnants animaux d'Afrique. Ce mastodonte serait, selon les scientifiques, sensible aux infrasons, ce qui lui permettrait de communiquer avec ses congénères par les ondes acoustiques que transmet le sol.

"Une fois dans sa vie, juste une fois,
on devrait avoir suffisamment la foi en quelque chose
pour tout risquer pour ce quelque chose."

André Brink

Né en 1935
Écrivain sud-africain de langue anglaise et afrikaans, André Brink est mondialement connu dès 1980 grâce à *Une saison blanche et sèche*, roman qui sera couronné du prix Médicis étranger et du Martin Luther King Memorial pour la version anglaise. Ce livre qui aborde le problème de la ségrégation raciale fut censuré en Afrique du Sud. *L'Amour et l'Oubli* est le titre de son dernier roman paru en 2006.

Namibie. Kaokoland. L'ethnie Himba est un peuple de pasteurs nomades qui a du mal à perpétuer son mode de vie ancestral en raison des conflits sur son territoire. La beauté du corps est essentielle chez les Himbas. Traditionnellement, ils se teignent la peau en rouge avec une pommade à base de graisse animale et de poudre d'hématite. Cet onguent leur permet aussi de se protéger de l'ardeur du soleil, de la sécheresse de l'air et des insectes.

S

"Le monde est un livre
et ceux qui ne voyagent pas
n'en lisent qu'une page."

Augustin d'Hippone ou saint Augustin

354 - 430

Né à Thagaste, l'actuelle Souk-Ahras en Algérie. Philosophe, théologien, évêque d'Hippone (Annaba en Algérie) et écrivain romain d'origine berbère, il est l'un des principaux Pères de l'Église dont les œuvres et la doctrine donnèrent naissance à un système de pensée. *La Cité de Dieu* et *Les Confessions* sont deux de ses œuvres les plus connues.

Lesotho. Les chutes de Maletsunyane, près du village de Semonkong, sont l'une des attractions touristiques de la région. Sur environ 200 mètres, l'eau, comme sortie de nulle part, s'engouffre entre deux falaises. Vertigineux !

"L'homme est une richesse indépassable.
L'Afrique n'est pas pauvre, et nous Africains
ne le sommes pas davantage."

Aminata Dramane Traoré

Née en 1947
Femme politique et écrivaine d'origine malienne. Nommée ministre de la Culture sous le gouvernement d'Alpha Oumar Konaré, elle a renoncé à son poste pour retrouver sa liberté de pensée et de parole. Altermondialiste engagée, elle délivre ses messages à travers ses écrits, tels *L'Étau* (1999) ou *Le Viol de l'imaginaire. Lettre d'une femme africaine* est le titre de son troisième livre.

Lesotho. Aussi grand que la Belgique, ce pays d'Afrique australe abrite les ethnies Xhosa et Zoulou et est officiellement appelé royaume du Lesotho. Il est entièrement enclavé dans l'Afrique du Sud.

"Ceux qui ont détruit leur faune sauvage et qui vivent sans elle ne sont pas complets."

Pensée massaï

Peuple d'éleveurs et de guerriers, l'ethnie massaï vit principalement en Afrique de l'Est, au Kenya et en Tanzanie. Cela dit, elle est originaire du sud du Soudan, que les Massaï ont quitté vers le XVe siècle avec leurs troupeaux.

Botswana. La migration des zèbres vers des pâturages plus verts et des zones humides a lieu chaque année en été. Ils sont plus de 300 000 sur cette route ancestrale, souvent dangereuse pour les troupeaux. Et pour cause, les félins les guettent prêts à bondir...

S

“L’homme qui, du désert connaît le secret, ne peut vieillir. La mort viendra, tournera autour de la dune puis repartira.”

Tahar Ben Jelloun

Né en 1944

Écrivain et poète marocain. Il occupe en 1968 un premier poste de professeur de philosophie et publie un premier poème, “L’Aube des dalles”. Il écrit également des articles pour la presse, notamment pour *Le Monde*, dont il devient l’une des plumes un an après son arrivée en France en 1971, ainsi que de nombreux romans. *La Prière de l’absent*, *L’Enfant de sable*, *La Nuit sacrée*, qui reçut le prix Goncourt en 1987, ou encore *L’Homme rompu* sont quelques-uns des titres prestigieux de cet écrivain engagé.

Soudan. Le Nil, grand fleuve nourricier depuis la plus haute antiquité, traverse le Soudan avant de rejoindre son delta au nord de l'Égypte. Sur ses berges, l'agriculture florissante, nourrie par le limon fertile, dessine un ruban vert tout le long du fleuve.

"J'avais trop longtemps attendu de pouvoir pénétrer un jour un monde jusque-là interdit, pour ne pas accueillir avec une émotion profonde l'occasion de pouvoir en franchir enfin les limites."

Théodore Monod

1902-2000

Naturaliste et savant français, Théodore Monod découvre l'Afrique lors de deux missions de recherche pour le Muséum d'histoire naturelle où il est entré en 1922. De 1953 à 1964, il a parcouru 5 200 kilomètres à pied et à dos de chameau à travers le Sahara occidental, dont il devint l'un des plus éminents spécialistes en zoologie, botanique et archéologie. Au fil du temps et de l'expérience, ce fut un fervent écologiste engagé.

Afrique du Sud. Parc du Makgadikgadi. Ce parc naturel se déploie sur plus de 12 000 km^2 et sept pays. Vestige d'un lac asséché, de grandes étendues de sel s'étendent à perte de vue. Lors de la saison humide, il arrive que de l'eau stagne dans les pans, créant ainsi d'immenses miroirs.

Index pays

Index auteurs

Crédits PHOTOS

COUVERTURE : © GRANDADAM SYLVAIN / HOA-QUI / EYEDEA
P. 4-5 : © USHUAÏA NATURE/ TF1 ENTREPRISES / SAMARA BOUSTANI
P. 7 : © BRUNO MAZODIER / SUNSET
PP. 8-9 : © CHRISTINE ET MICHEL DENIS-HUOT / JACANA / EYEDEA
PP. 10-11 : © MARTIN HARVEY/SUNSET
PP. 12-13 : © GRANT MCDOWELL / NPL / JACANA / EYEDEA
PP. 14-15 : © ANTOINE LORGNIER
PP. 16-17 : © ANTOINE LORGNIER
P. 18 : © ANUP SHAH / NPL / JACANA / EYEDEA
PP. 20-21 : © CHRISTOPHE RATIER
PP. 22-23 : © ANTOINE LORGNIER
PP. 24-25 : © MATTES R. / EXPLORER / HOA-QUI / EYEDEA
PP. 26-27 : © REX INTERSTOCK / SUNSET
P. 29 : © BOURSEILLER PHILIPPE / HOA-QUI / EYEDEA
PP. 30-31 : © USHUAÏA NATURE / TF1 ENTREPRISES / GEORGES BOSIO
PP. 32-33 : © DIA GENTUR / SUNSET
PP. 34-35 : © DENIS-HUOT MICHEL / JACANA / EYEDEA
PP. 36-37 : © USHUAÏA NATURE / TF1 ENTREPRISES / GEORGES BOSIO
PP. 38-39 : © USHUAÏA NATURE / TF1 ENTREPRISES / GEORGES BOSIO
PP. 40-41 : © FRANÇOIS-XAVIER PRÉVOT
PP. 42-43 : © ASCANI MAURICE / HOA-QUI / EYEDEA
PP. 44-45 : © USHUAÏA NATURE / TF1 ENTREPRISES / GEORGES BOSIO
PP. 46-47 : © RENAUDEAU MICHEL / HOA-QUI / EYEDEA
PP. 48-49 : © BOURSEILLER PHILIPPE / HOA-QUI / EYEDEA
PP. 50-51 : © DURRUTY VÉRONIQUE / HOA-QUI / EYEDEA
P. 53 : © MICHEL SETBOUN
P. 54 : © MARTEL OLIVIER / HOA-QUI / EYEDEA
P. 57 : © T.J. RICH / NPL / JACANA / EYEDEA
PP. 58-59 : © N. THIBAUT / EXPLORER / HOA-QUI / EYEDEA
P. 61 : © PAVARD CLAUDE / HOA-QUI / EYEDEA
PP. 62-63 : © SHAH ANUP ET MANOJ / JACANA / EYEDEA
PP. 64-65 : © ANTOINE LORGNIER
PP. 66-67 : © PHILIPPE DANNIC / SUNSET
PP. 68-69 : © ANTOINE LORGNIER
PP. 70-71 : © USHUAÏA NATURE / TF1 ENTREPRISES / GEORGES BOSIO
P. 73 : © USHUAÏA NATURE / TF1 ENTREPRISES / GEORGES BOSIO
PP. 74-75 : © ANTOINE LORGNIER
P. 77 : © USHUAÏA NATURE / TF1 ENTREPRISES / SAMARA BOUSTANI
PP. 78-79 : © USHUAÏA NATURE / TF1 ENTREPRISES / GEORGES BOSIO
PP. 80-81 : © CHRISTOPHE RATIER
PP. 82-83 : © USHUAÏA NATURE / TF1 ENTREPRISES / GEORGES BOSIO
PP. 84-85 : © USHUAÏA NATURE / TF1 ENTREPRISES / GEORGES BOSIO
P. 87 : © USHUAÏA NATURE / TF1 ENTREPRISES / SAMARA BOUSTANI
P. 88 : © RENAUDEAU MICHEL / HOA-QUI / EYEDEA
PP. 90-91 : © USHUAÏA NATURE / TF1 ENTREPRISES / GEORGES BOSIO
PP. 92-93 : © BOURSEILLER PHILIPPE / HOA-QUI / EYEDEA
PP. 94-95 : © JEAN-LUC MANAUD / RAPHO / EYEDEA
P. 97 : © DE WILDE PATRICK / HOA-QUI / EYEDEA
PP. 98-99 : © USHUAÏA NATURE / TF1 ENTREPRISES / SAMAR BOUSTANI
PP. 100-101 : © USHUAÏA NATURE / TF1 ENTREPRISES / SAMARA BOUSTANI
PP. 102-103 : © BOURSEILLER PHILIPPE / HOA-QUI / EYEDEA
PP. 104-105 : © SÉBASTIEN DUFOUR
PP. 106-107 : © DE WILDE PATRICK / HOA-QUI / EYEDEA
P. 109 : © USHUAÏA NATURE / TF1 ENTREPRISES / GEORGES BOSIO
PP. 110-111 : © USHUAÏA NATURE / TF1 ENTREPRISES / GEORGES BOSIO
PP. 112-113 : © USHUAÏA NATURE / TF1 ENTREPRISES / GEORGES BOSIO
PP. 114-115 : © SHAH ANUP / JACANA / EYEDEA
PP. 116-117 : © USHUAÏA NATURE / TF1 ENTREPRISES / GEORGES BOSIO
P. 118 : © USHUAÏA NATURE / TF1 ENTREPRISES / JEAN-LUC ALLÈGRE
PP. 120-121 : © USHUAÏA NATURE / TF1 ENTREPRISES / GEORGES BOSIO
PP. 122-123 : © USHUAÏA NATURE / TF1 ENTREPRISES / JEAN-LUC ALLÈGRE
PP. 124-125 : © ANTOINE LORGNIER
P. 126 : © ANTOINE LORGNIER
PP. 128-129 : © JOUAN CATHERINE / RIUS JEANNE / HOA-QUI / EYEDEA
PP. 130-131 : © USHUAÏA NATURE / TF1 ENTREPRISES / GEORGES BOSIO
PP. 132-133 : © USHUAÏA NATURE / TF1 ENTREPRISES / GEORGES BOSIO
P. 134 : © USHUAÏA NATURE / TF1 ENTREPRISES / GEORGES BOSIO
PP. 136-137 : © CHRISTOPHE RATIER
P. 139 : © USHUAÏA NATURE / TF1 ENTREPRISES / GEORGES BOSIO
PP. 140-141 : © USHUAÏA NATURE / TF1 ENTREPRISES / GEORGES BOSIO
P. 142 : © USHUAÏA NATURE / TF1 ENTREPRISES / SAMARA BOUSTANI
P. 145 : © USHUAÏA NATURE / TF1 ENTREPRISES / GEORGES BOSIO
PP. 146-147 : © USHUAÏA NATURE / TF1 ENTREPRISES / GEORGES BOSIO
P. 149 : © CHRISTIAN VAISSE /HOA-QUI / EYEDEA
PP. 150-151 : © USHUAÏA NATURE / TF1 ENTREPRISES / GEORGES BOSIO
PP. 152-153 : © USHUAÏA NATURE / TF1 ENTREPRISES / GEORGES BOSIO
PP. 154-155 : © USHUAÏA NATURE / TF1 ENTREPRISES / GEORGES BOSIO

Édition : Virginie Pechet

Fabrication : Patrick Tollec

Iconographe : Espérance Viegas de Oliveira

Conception Graphique : Saga Design

Photogravure : Thirdway

Remerciements à Clémence Bollée

ISBN : 978-2-810001-17-0

L'imprimerie Kapp a obtenu en avril 2007 la certification FSC.

Cet ouvrage est imprimé, pour l'intérieur,
sur du Maine Gloss 170 g des papeteries Arjowiggings
qui ont obtenu la certification ISO 14001 et PEFC.

Impression : KAPP
N° d'imprimeur : 5201
Dépôt légal : septembre 2008
Imprimé en France